ICH BIN EIN ADLER
P. GAY

PETER GAYMANN

Ich bin ein Adler!

Gaymanns beste Hühner

Eichborn.
Herausgegeben von Siegfried Liebrecht

Peter Gaymann, geboren 1950 in Freiburg/Breisgau, jetzt in Köln lebend, ist einer der erfolgreichsten deutschen Cartoonisten. Eines seiner Markenzeichen sind die Hühner, ein anderes sind die Beziehungsprobleme einer ganzen Generation. Zahlreiche Bücher, Zeitschriften, Ausstellungen etc.

Bücher bei Eichborn: Schön reich sein! (1996), Esoterische Hühner (1996), Herzlich willkommen! (1997), Gaymann's Hühner (1998), Ich will Dich glücklich machen! (1999), Der Weihnachtsmann kann einpacken (2000).

www.Gaymann.de

1 2 3 4 04 03 02

Umschlag: Peter Gaymann
Lithographie: Cartoon CONCEPT®, Hannover
Lektorat: Oliver Thomas Domzalski
Layout: Oliver Schmitt
Druck und Bindung: Artes Gráficas Toledo

ISBN 3-8218-3095-6

Verlagsverzeichnis schickt gern:
Eichborn Verlag, Kaiserstr. 66, D-60329 Frankfurt am Main
www.eichborn.de

Ich bin ein Adler!

Ich bin ein Adler!

Die Welt ist schlecht!

Lieber Gott-
Hör auf
mit dem
Scheiss!!

Wie macht sich dein neues Au-pair-Mädchen?
Spielt viel mit den Kindern!

Ich bin verheiratet! Ich habe 2 nette Kinder! Ich habe einen Job!
Glaub mir – es kommen bestimmt wieder bessere Zeiten!
Cafe 2000
P. Gay

Sag jetzt nichts!
T. GAY

Was machen wir heute abend?
Jetzt mach hier bloß keinen Stress!
P. GAY

Wir wollten doch diesen Sommer jeden Tag ein Ei legen!
Vergiß es!

eiß
bung!

Wir könnten mal unsere eigene Blödheit thematisieren!
P. GAY

Aaaaiih, oohohoh
JA JA JAJA
JAAAA
ICH BIN EIN ADLER
P. GAY

Ich
kann
Karate!

Das Ei war raus. Sie hätte jetzt Zeit gehabt für andere Dinge. Da überfiel sie wieder diese unendliche Leere.

Was willst denn mal werden?

P. GAY
Bremer Stadtmusikanten
(B-Mannschaft)

P. GAY

Es ist doch ganz einfach, mit dem Rauchen aufzuhören!

– Hommage a Sempé –

Alle Hähne sind Schweine!

Ich versteh immer nur BETT!
P. GAY

Ferkel!
P. GAY

Alle Hähne sind Schweine!
TRAY

Ich glaub, mit dir hab' ich echt Schwein gehabt!
P. GAY

Er war intelligent,
schön, stark, zärtlich,
einfühlsam –
eben ein richtiges
Schwein!
P. GAY

Im Sitzen pinkeln –
hast du ihm das
beigebracht?
Auch kein
schöner Anblick!
P. GAY

Was mich mal grundsätzlich interessieren würde: Wie kommt man ganz nach oben, ohne daß man zum Schwein wird??

Ich habe die 60er Jahre miterlebt, die 70er, die 80er und zuletzt die 90er und ich sage euch: Nie hat Sex soviel Spaß gemacht wie in diesen 40 Jahren!

Erst hab ich den Job verloren, dann hat mich Erika verlassen, dann wurde das Konto gesperrt!
Kein Wunder bei der Hitze.

Legen und Legen lassen!
C'est la vie!
CAFE
BAR

Regen! Regen!
BIER! BIER!
P. GAY

Erst die Spaghetti oder erst das Wasser?
P. GAY
– nachdenklicher Mann –

MÄNNER!

Die Leute reden heut noch von dem Essen!

Erstes Kontaktgespräch!

Denk an deine Leber!
Das besorgen schon genug andere für mich!
T. GAY

Alfons, sag doch was !!

Pollo arosto - was'n das ??
Erst will ich wissen, wo Reinhilde steckt!
P. GAY

Für so einen Quicky würde ich mich nie hergeben!
DIE 5-Min. TERINE!

Eigentlich schade um die gute Brühe!!
P. GAY

Auch wenn's ein schwacher Trost ist – aber die Leute reden heut noch von dem Essen!

Ich bin heute abend zu einem Grillfest eingeladen!
Sag mal – dann wird ja deine Wohnung frei?!
SCHÖNER WOHNEN

Cool bleiben!
T. GAY

Wenn Weihnachten und Ostern zusammenfallen!

Ich hatte den Kleinscheiß dermaßen satt!
P.G.H.

Frohe Ostern!
Jetzt Blau!
P. Gaymann

CHICKEN BELL, CHICKEN BELL...

Ganz tief atmen und positiv denken!

Ich denke, es ist eine Frage der Atemtechnik!
P. GAY

Mach ich jetzt ne Therapie oder trink ich noch ne Tasse Kaffee?
P. GAY

TAI-CHICK für Anfänger
Bewege dich langsam und
konzentriere deine Energie
auf das Wesentliche !
T. FAY

H
Na, Na, Na
da kommt aber
grad 'ne ganz miese
Enegie rüber!
T. GAY

Ganz tief atmen und positiv denken!
Das Bügeleisen ist aus!
Das Bügeleisen ist aus!
Das Bügeleisen ist aus!
P. GAY

DEIN REECHTER FUSS WIRD GAAANZ WAARM..
P. GAY

Irgendwas will da raus
Ich muß mal!
P. GAY

Das sieht aber ganz nach Tiefenmassage aus!

Ich lebe im Jetzt!
ZIGARREN
Und wie lange willst du da bleiben?
T. GAY

REGEN!
REGEN!
REGEN!
Scheiße –
es funktioniert!
P. GAY

Endlich das Meer. Ich war am Ziel. Ich kam vollkommen zur Ruhe. Hoffentlich fängt jetzt nicht das Handy zu piepen an, dachte ich.

Man muß es nur wollen!
P. GAY

Nicht nur Hühner können (ein) PAAR-PROBLEME haben

Gaymanns »Brigitte«-Cartoons

Ich will dich glücklich machen!
112 Seiten, gebunden
€ 15,95 (D) sFr 27,50
ISBN 3-8218-3064-6

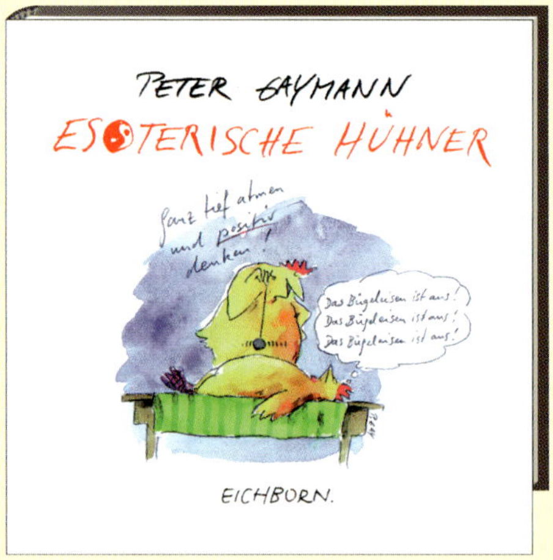

Gaymanns Hühner immer im Hier und Jetzt

Esoterische Hühner
48 Seiten, gebunden
€ 11,95 (D) sFr 23,–
ISBN 3-8218-3060-3

Von Menschen und Hühnern

Die esoterische Kleinfamilie
48 Seiten, gebunden
€ 12,95 (D) sFr 23,–
ISBN 3-8218-3065-4

Eichborn.

Kaiserstraße 66
60329 Frankfurt
Telefon: 069 / 25 60 03-0
Fax: 069 / 25 60 03-30
www.eichborn.de

Wir schicken Ihnen gern ein Verlagsverzeichnis.